Pope Francis

김경상 사진집

Pope Francis

Kim Kyung Sang

Kim Kyung Sang is well known for his lifelong dedication to documentary photography, specializing in the religions of many countries. (The Pope John Paul II, Mother Teresa, Dali lama, St Kolbe and Cardinal Kim Soo Whan)
He was assigned as an official photographer for Pope Francis's apostolic journey in Korea August. 2014
In September, he was invited to the Vatican for an official meeting with the Pope.
Worked in Asti, homeland of his holiness's namesake. He has been invited by the Asti, Italy and Buenos Aires, Argentina to Pope Francis' exhibition.

김경상은 오랫동안 다큐멘터리 분야에 혼신을 다하는 세계적으로 널리 알려진 사진작가이다. 2014년 8월 교황 프란치스코 방한 공식 미디어 작가로 교황을 촬영하였고, 9월 바티칸에서 교황 프란치스코 공식 알현을 했으며, 바티칸과 교황 조상들의 고향 이탈리아 아스티현의 사진 작업을 했다. 이탈리아 아스티현 포르타코마로 시장 초청 전시와 아르헨티나 부에노스아이레스에서 교황 프란치스코 사진전을 하였다.
2016년 6월에 이탈리아 제56회 국립 "종의 축제" Mombaruzzo city 초청 교황 프란치스코 김경상 사진전이 Pallavicini. 궁전에서 성대하게 열렸다.

〈차례〉

바티칸 ··· 7
교황 프란치스코 부친 및 조상들의 고향 이탈리아 ········ 41
교황 프란치스코의 고향 아르헨티나 ····················· 67
교황 프란치스코 한국방문 ······························· 87

바티칸

성베드로 광장의 오벨리스크

성베드로성당과 베드로성인상

바티칸

성베드로성당의 삼종기도 및 신자들과의 만남

바티칸

사제들과의 만남과 성베드로 성당

바티칸

베드로 광장의 교황 프란치스코 집전 미사와
성베드로성당 미사

미켈란젤로의 천지창조와 피에타

바티칸

성베드로광장 교황 프란치스코 집전 미사

성베드로대성당 천국의 계단 제대와 성화

성바오로성당과 제대 프레스코화

바티칸

성베드로성당 지하 역대 교황들의 무덤

성베드로 성당의 십자가와 교황 프란치스코

바티칸

교황청 정원 자르디니, 교황의 기도의 집과 천사의 성

교황청 정원 자르디니와 교황의 산책로

교황청 정원의 고대로마 황제동상과 교황 프란치스코

교황청 정원의 대희년의 종과 성벽

교황청 정원의 파티마성모상과
외적 침입을 방비하기 위한 성벽

교황청 정원의 동굴과 소나무

바티칸

교황 프란치스코 아버지와 조상들의 고향
이탈리아 북부 피아몬테주 아스티현 포르타코마로시

알프스가 보이는 유네스코 자연경관 보존지역

만년설 알프스가 보이고 포도밭 능선이 끝없이 이어지는
교황 프란치스코 조상들의 땅 아스티현 포르타코마로시

아버지와 조상들의 고향

교황 프란치스코의 요람 아스티현 포르타코마로시

아버지와 조상들의 고향

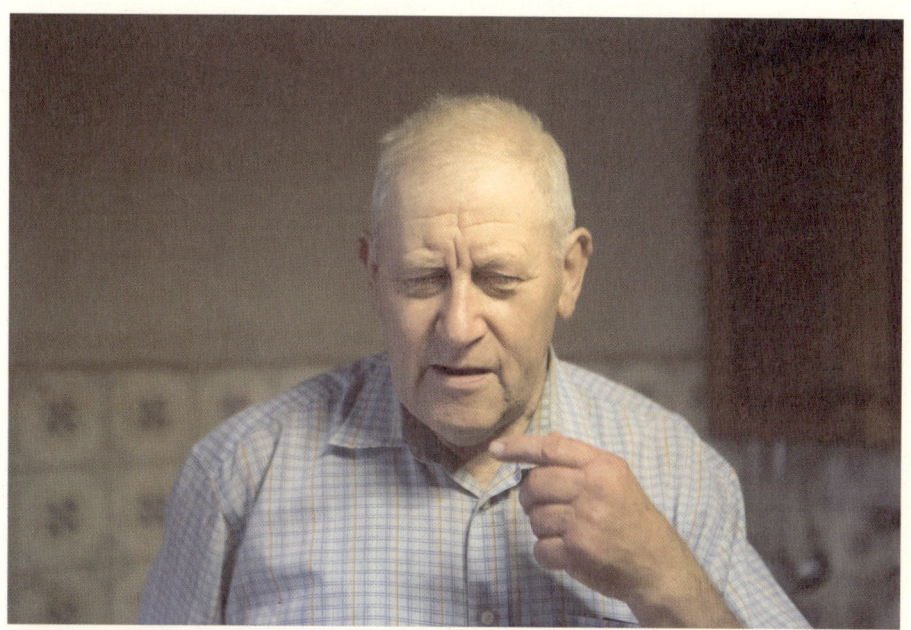

형제 Mr. Amando Bergoglio의 소박한 삶

아버지와 조상들의 고향

교황 프란치스코의 조상들의 고향의 성베드로 경당.
약 300년전에 세워진 마을의 베드로 경당은 교황 탄생을 예고한 것 같다.

피아몬테주 아스티현 시내 성당

아버지와 조상들의 고향

교황 프란치스코 영혼의 땅 아스티현 포르타코마로시 풍경

아버지와 조상들의 고향

교황 프란치스코 부친 생가

아버지와 조상들의 고향

아버지와 조상들의 고향
아스티현 포르타코마로시 초등학교 교실

교황 프란치스코 아버지 생가와 친인척 조상들의 묘지
19세기초에 흑사병으로 많이 돌아가셨다고 한다.

교황 프란치스코 부친 및 조상들의 고향 이탈리아

교황 프란치스코의 고향
아르헨티나 부에노스 아이레스 플로리스

교황 프란치스코 부친께서 아르헨티나로 이민할때 타신 범선

교황 프란치스코 탄생 생가
부에노스 아이레스 플로리스마을

교황 프란치스코의 고향 아르헨티나

교황 프란치스코 생가마을 플로리스 성당

교황 프란치스코 생가

아르헨티나 독립기념일 축제

김경상작가 이탈리아 아스티현 초청전시 엽서를 들고 웃고 있는 소녀

아르헨티나 부에노스아이레스 주교좌대성당

교황 프란치스코의 고향 아르헨티나

교황 프란치스코 사제시절 사목하신 레지나성당

교황 프란치스코 주교시절 사목하신 플로리스 대성당

교황 프란치스코 주교시절 사목하신 플로리스 대성당

솔뫼성지

교황 프란치스코 한국방문

2014. 아시아청년대회 폐막미사 해미성지

2014. 아시아청년대회 폐막미사 해미성지

2014. 아시아청년대회 폐막미사 해미성지

교황 프란치스코와 대전교구장 유흥식 주교와 함께

꽃동네, 수도자들과의 만남

해미순교성지

당진 신리성지

미리내순교성지 김대건 성인상

솔뫼성지 김대건 성인 생가

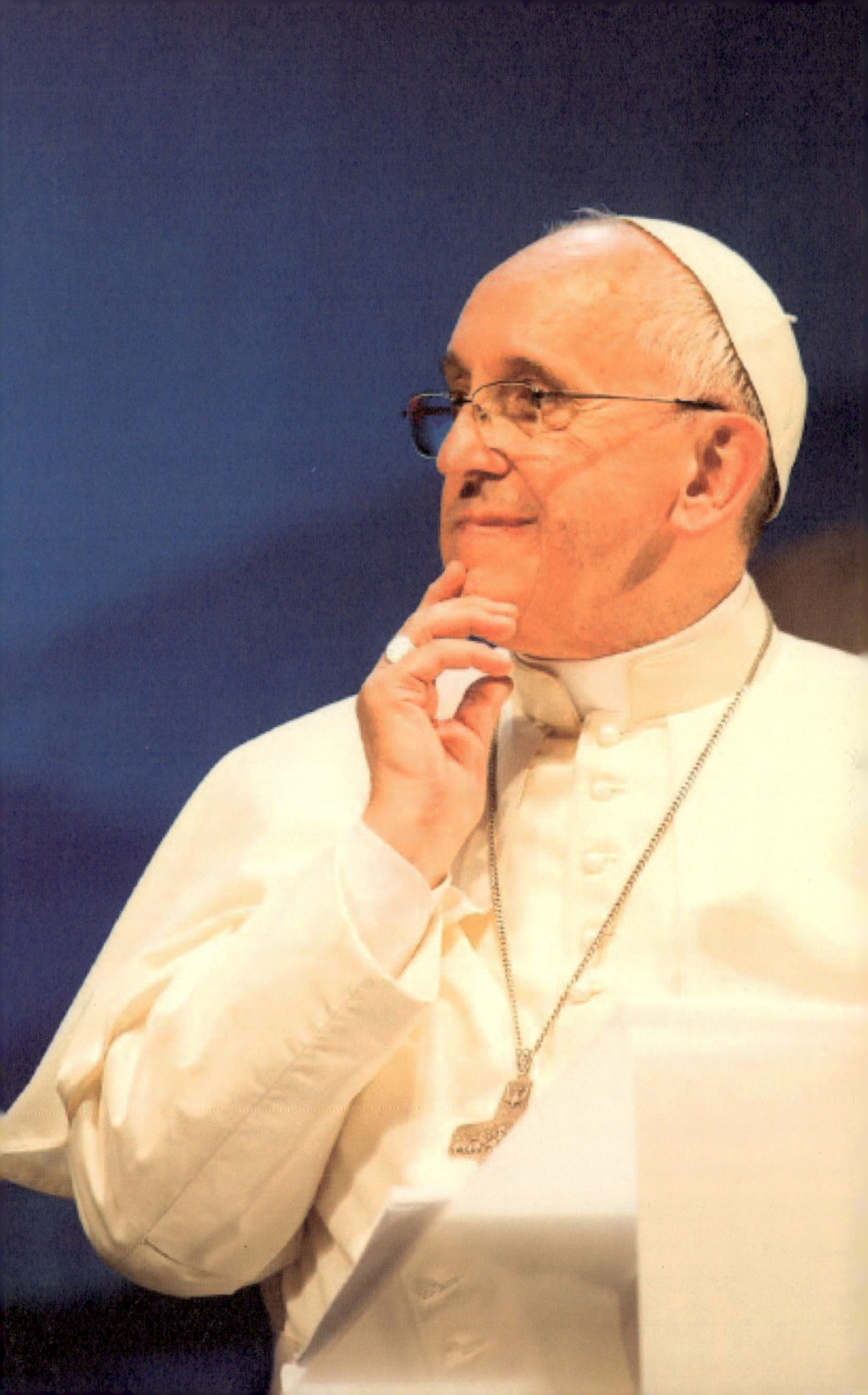

솔뫼성지

솔뫼성지 아레나

새남터 성지

한국 천주교의 발상지 천진암과 주어사터

절두산 순교성지 (성 요한바오로2세 동상과 무명순교자조각상)

교황 프란치스코 한국방문

서소문 순교성지 중림동 약현성당

서소문 순교성지

작가소개

김경상 Kim Kyung-Sang
한류문화인진흥재단 홍보대사

김경상 작가는 35년간 인류학적 정신사를 추적하며 다큐멘터리 작업을 해왔다. 그의 작업은 가난하고 고통 받는 소외된 사람들에 대한 관심과 사랑, 인류애를 실천한 거룩한 성인들의 정신과 사랑, 그리고 한국의 사라져가는 민속을 찾아 한국인의 정신적 근거와 뿌리를 찾는 작업으로 구분할 수 있다.

2014년 8월, 교황 프란치스코 방한 공식미디어 작가로 촬영을 하였고, 9월 바티칸에서 교황 공식 알현을 하고, 바티칸 및 교황 조상들의 고향 아스티와 아르헨티나 부에노스아이레스 교황의 요람 작업을 했다.
교황 프란치스코 해외전시로는 2015년 5월에 이탈리아 포

르타코마노 시장 초청 전시를, 7월에 아르헨티나 부에노스아이레스 중남미문화원에서, 2016년 5월 이탈리아 아스티 피아캐슬뮤지엄에서, 6월 팔라비치니 궁전 '제56회 국립 종의 축제'에서 교황 프란치스코 초청사진전을 하였다.

특히 마더 테레사 사진집과 성인 콜베 사진집, 폴란드 원죄없는 성모마을 밀밭에서 기도하는 수도자의 모습을 담은 사진 1점, 김수환 추기경의 선종 당일 정진석 추기경과 김옥균 주교의 기도 장면을 담은 사진 1점은 청와대 의전선물로 선정돼 2009년 7월 전 교황 베네딕토 16세에게 전달된 바 있다.

About Kim Kyung Sang

Since late 1979's, Kim Kyung Sang has walked a single path with documentary works pursuing anthropological spirit. His works can be categorized into 3 themes; love and concern for the marginalized in poverty and agony, spirit of holy doers for humanism, trace of Korean Folk culture.

Works for the saints featured Bible Route, Mother Teresa, Saint Maximilianus Maria Kolbe,Pope John Paulus II, Cardinal Kim Su-hwan, and Dalai Lama. The documentary work Dalai Lama can be said an epic containing Tibet's destiny and history, proceeded during 7 year's travel in Himalayas regions, Tibet, Nepal, and India.
The collections of MotherTeresa and Saint Maximilianus Maria Kolbe, and photos for prayers in a Polish immaculate village of Virgin Mary and Cardinal Jung Jin Seok and Bishop Kim Ok Gyun on the day when Cardinal Kim Su Hwan died, were presented to Pope Benedictus XVI in the Blue House for Presidential ceremony in July, 2009.

Kim Kyung Sang is well known for his lifelong dedication to documentary photography, specializing in the religions of many countries.
He was assigned as an official photographer for Pope Francis's apostolic journey in Korea this August.
In September, he was invited to the Vatican for an official

meeting with the Pope.
Worked in Asti, homeland of his holiness's namesake, and in Daughters of Divin Zeal in Sicily Island's exclusively.
He has been invited by the mayor of Asti Italy to Pope Francis' exhibition 2015. May.

In the theme of the marginalized lives in poverty and agony, he showed the harsh life with African refugee, AIDS, Hansen's disease village and hospital, homeless, victims of atomic bomb, hospice, village of waste and shelter for children.

Under the theme of finding the spiritual origin of Korea, his projects have been conducted mainly with 'Arirang Project.' In 2011, works for "Craftsmanship : The beauty of Korean Metal" with Korean scenery, which gained popularity in Sydney Power House Museum, were exhibited for the 50th anniversary of Korea-Austrailia Diplomatic Relations. Also 'Arirang Project' was invited to the French major 3 festivals, Festival d'Avignon (2013), Paris Universtiy Festival (2014) and Nantes Festival (2014). This exhibition and its collection book were awarded respectively ICOM Australia and PICA.

In 2014, his works are being exhibited in major cities including Washington DC, Paris, Nantes, Budapest and Sao Paulo.
Also, Nantes Festival officially invited him to a special exhibition in Cosmopolis International Art Center in 2015.

His works are now being possessed by Vatican Curia, Korea Catholic Gallery and Committee, Korean Dioceses (Seoul, Daegu, and Suwon), New York ICP Library, Meccano, and Samsung Electronics

Kim Kyung-Sang Bibliography

Seoul, Korea.

Documentary photographer

Books and Catalogs:

2015. 09	Pope Francis, published by starbooks
2015. 05	Viva Papa Francis & Sicilia. a published by samyun
2015. 05	Viva Papa Francis & Giardini. a published by samyun
2015. 03	Viva Papa Francis & Donbosco. a published by samyun
2015. 03	Viva Papa Francis & asisi. a published by samyun
2014. 12	Viva Papa Francis in Korea. a published by Crart
2014. 01	Ari~Arirang, a published by Iannbooks
2013. 02	Cardinal Kim Su Whan 111 Exhibition, a published by Writer and critic
2012. 10	Dalai Lama 111 Exhibition, a published by Writer and critic
2012. 12	Mother Teresa 111 Exhibition, a published by Writer and critic
2012. 01	Karol Wojtyla, a published by New people
2012. 04	The spirit of Korea 111 Exhibition, a published by New people

2010. 02	Bible Route , published by Noonbit
2008. 01	The Child Mother in Uganda, a published by Noonbit
2007. 08	Lion Bush (a Dream of Africa), a published by the Morning of world
2006. 12	Saint Maximiliano Kolbe(a Holy Man of Auschwitz), a published by the Morning of world
2006. 03	I remember!(The Pope John Paul II), a published by Bundo
2006. 03	Stranger Heaven (Combodia HIV), a published by Bundo
2005. 03	Mother Teresa in Kolkata's(a search for field of love and service), a published by Noonbit

작가소개

김경상 개인전
Selected Solo Exhibitions (60th)

2016. 12   교황 프란치스코 김경상 초대전, 성 베네딕토수도회
  왜관수도원
2016. 09   마더 데레사 김경상 초대전, 울산 엔젤아트갤러리
2016. 09   마더 데레사 김경상 초대전, 부산 가톨릭센터 대청갤러리
2015. 12   교황 프란치스코 김경상 초대전, 울산 현대예술관
  한마음갤러리
2015. 11   교황 프란치스코 김경상 초대전, 아르헨티나 멘도사
2015. 09   교황 프란치스코 김경상 초대전, 부산 가톨릭센터
  대청갤러리
2015. 09   이탈리아 피아몬테 풍경사진전. 대전 콘벤션센터
2015. 07   교황 프란치스코 김경상 사진전, 주아르헨티나
  중남미문화원
2015. 06   동방의 불빛, 인도 뉴델리 주인도한국문화원
2015. 05   이탈리아 피아몬테주 아스티 포르타코마로 시장 초청
  교황 프란치스코 김경상 사진전, 이탈리아 아스티 시청 화랑
2015. 05   진도아리랑 김경상 초대전, 프랑스 낭트
  Sainte-Croix 화랑
2015. 05   한국의 얼 김경상 초대전, 프랑스 낭트 코스모폴리스
  인터내셔널아트센터
2015. 04   교황 요한바오로2세 김경상 초대전, 부산 가톨릭센터
  대청갤러리
2014. 12   한국의 혼 김경상 사진전, 인도 뉴델리 주인도한국문화원
2014. 12   비바파파 프란치스코 김경상 사진전, 명동성당
  1898갤러리

2014. 10	김경상 초대전 , 뉴욕 드림로즈갤러리
2014. 09	모나코왕실 초대전, 모나코호텔드파리
2014. 08	성인 요한바오로2세 김경상 초대전, 구세군 아트홀
2014. 08	TOTUS TUUS 전 김경상 초대전, 파비욘드갤러리
2014. 06	진도 아리랑 김경상 초대전, 프랑스 파리 89갤러리
2014. 06	프랑스 낭트페스티벌 '한국의 봄—아리아리랑' 김경상 초대전, Maison de quartier
2014. 04	Arirang 김경상 초대전, 주미워싱턴 한국문화원
2014. 01	한—헝가리 수교 25주년 초청, 아리아리랑 김경상 초대전, 주헝가리 한국문화원
2013. 07	Festival d'Avignon 프랑스 아비뇽 축제 김경상 사진전, 성미셀성당
2013. 05	프랑스 김경상 초대전(한국의 얼), 주불한국문화원 갤러리
2011. 12	한불명장전, 한국의 문화유산사진전, 현대예술관 미술관
2011. 11	한호수교 50주년기념 "한국의 빛나는 보물전", 시드니 파워하우스뮤지엄
2010. 03	DGMBC 기획 김경상 초대전 고맙습니다. 서로 사랑하세요」 대구MBC
2010. 02	현대예술관기획 김경상 초대전 「서로 밥이 되어 주십시오」 현대예술관 미술관
2009. 06	아주미술관기획 김경상 초대전 「고맙습니다, 서로 사랑하세요」, 아주미술관
2007. 07	프랑스 니스 홀리 홀(Ruhl) 시립화랑 김경상 초대전
2007. 08	「캄보디아 에이즈 사진전」 평화화랑
2007. 01	사진전문갤러리 와(瓦) 기획 초대전 「20세기 세계 3대 성인전」, 양평 갤러리와
2007. 01	「성 막시밀리아노 마리아 콜베 사진전」 평화화랑
2006. 04	서울신문사기획초대전 「나는 행복합니다. 여러분도 행복하세요!」 프레스센터 서울갤러리 전관

Pope Francis

초판1인쇄 2017년 8월 10일
초판1발행 2017년 8월 15일

지은이 김경상
펴낸이 이재욱
펴낸곳 (주)새로운사람들
디자인 김남호
마케팅관리 김종림

ⓒ 김경상, 2017

등록일 1994년 10월 27일
등록번호 제2-1825호
주소 서울 도봉구 덕릉로 54가길 25(창동 557-85, 우 01473)
전화 02)2237.3301   **팩스** 02)2237.3389
이메일 ssbooks@chol.com
홈페이지 http://www.ssbooks.biz

ISBN 978-89-8120-551-5(03230)

* 책값은 뒤표지에 씌어 있습니다.